Die besten Pfannengerichte

mit Gemüse, Fleisch, Fisch und vielem mehr

Die besten Pfannengerichte

mit Gemüse, Fleisch, Fisch und vielem mehr

garant

Vorwort

Alles, was Sie für Pfannengerichte brauchen, sind eine schwere Pfanne mit Deckel, frische Zutaten, ein sanfter Pfannenwender und ein bisschen Zeit. Spiegeleier, Bratkartoffeln, Pfannkuchen, Steaks oder Schnitzel lassen sich schnell und ohne großen Aufwand zubereiten.

Doch auch Gemüse muss nicht immer nur in Salzwasser gekocht werden! Feine und gesunde Gemüsegerichte gelingen hervorragend in einer großen Pfanne. Durch extrem kurze Garzeiten bleiben die Vitamine und Nährstoffe erhalten, das Gemüse behält die frische Farbe und ist leicht verdaulich.

Fleisch- und Fischgerichte, in der Pfanne zubereitet, mit Kräutern und Weißwein verfeinert, kosten wenig Zeit, sparen somit Energie und schmecken jedem, egal, zu welcher Tageszeit.

Selbst aus übrig gebliebenen Knödeln, Spätzle, Nudeln, Kartoffeln, Reis und Gemüse, kombiniert mit Fleisch, Wurst oder Fisch, lassen sich die tollsten Gerichte brutzeln. Denken Sie nur an gebratene Knödel mit Apfelkompott, in Butter gebräunte Spätzle mit Zwiebeln und Käse oder gebratene Kartoffeln mit grünen Bohnen und knusprigem Speck ...

Pfannengerichte sind ein gesunder, leichter Genuss, sie können mit wenig Fett zubereitet werden und haben eine kurze Garzeit, so dass die lebenswichtigen Nährstoffe weitgehend erhalten bleiben. Pfannengerührte Speisen aus der asiatischen Küche sind mittlerweile der Hit in der einheimischen Küche.

Es gibt kaum ein Nahrungsmittel, das sich nicht zur Zubereitung in der Pfanne eignet, und das große Angebot an Fleisch, Fisch, Gemüse, Nudeln und Reis macht es uns einfach, immer wieder neue Kreationen auf den Tisch zu bringen.

Wir haben in diesem Buch köstliche Pfannengerichte für Sie zusammengetragen. Darüber hinaus erhalten Sie Tipps für den Einkauf und die richtige Zubereitung von Schnitzeln, Koteletts und Steaks und erfahren Wissenswertes über Pfannen und Bratfett.

Also, probieren Sie nach Herzenslust und verwöhnen Sie Ihre Lieben und Gäste, denn Pfannengerichte schmecken niemals langweilig! Natürlich können Sie die einzelnen Rezepte nach Herzenslust mit Zutaten, die Sie als Vorrat im Haus haben, leicht abwandeln. Selbst übrig Gebliebenes vom Vortag wird mit einigen frischen Zutaten, Kräutern oder Gewürzen zu einem völlig neuen Gericht, das gerne verspeist wird.

Wir wünschen Ihnen beim Kochen und Genießen viel Spaß und guten Appetit.

Ihre Redaktion

Das richtige „Werkzeug“

Zur Grundausstattung in der Küche sollten mindestens drei Pfannen mit unterschiedlichem Durchmesser gehören. Für die Zubereitung von Fleisch oder Fisch sollte die Pfanne nicht zu groß sein, aber auch nicht so klein, dass sie das Bratgut einengt. Sie sollte einen schweren Boden und einen gewölbten, hochgezogenen Rand haben. Wollen Sie in der Pfanne komplette Mahlzeiten zubereiten, benötigen Sie für die Pfanne auch einen Deckel. Für die verschiedensten Gerichte, die sich in der Pfanne zubereiten lassen, finden Sie im Fachhandel außerdem eine ganze Reihe sehr guter Spezialpfannen.
Die Crêpepfanne besitzt einen sehr flachen Rand, bei einer Pfanne für die Zubereitung von Omeletts ist er gewölbt und hochgezogen.
Wer besonders fettarm braten möchte, wählt am besten eine beschichtete Pfanne. Sie darf allerdings nicht zu stark erhitzt werden, zum Wenden eignet sich nur ein Holz- oder Kunststoffwender, der die Beschichtung nicht verletzen kann.
Pfannen mit einer guten Antihaft-Versiegelung schließen ein Anbrennen fast aus und lassen sich außerdem sehr gut reinigen.
Grillpfannen haben einen gerillten Boden, in dem sich das Bratfett sammelt, das Bratgut liegt auf den heißen Stegen. Grillpfannen sind häufig aus Gusseisen.
Pfannen aus Gusseisen sind nicht säurebeständig. Sie werden vor dem ersten Gebrauch bis zum Rauchen erhitzt. Nach dem Gebrauch reinigt man sie mit heißem Wasser, fettet sie mit Öl ein, damit sie nicht rosten, und bewahrt sie dann an einem luftigen Ort auf.
Pfannen aus Kupfer eignen sich nicht zum Braten! Dieses Material kann die hohen Temperaturen, die wir zum Braten benötigen, nicht gut vertragen.
Generell sollten Sie beim Pfannenkauf auf gut isolierte Griffe achten.

VORSICHT!
Heiße Pfannen dürfen wegen hoher Spritz- und Verbrennungsgefahr nie sofort nach dem Braten mit Wasser gefüllt werden! Lassen Sie die Pfanne erst etwa 10 Minuten abkühlen, bevor Sie sie mit heißem Wasser reinigen. Bei Bedarf verwenden Sie ein mildes Spülmittel, aber niemals scharfe Putzmittel oder spitze Gegenstände zum Reinigen!

Das richtige Bratfett

Für alles, was scharf angebraten werden soll, benötigen Sie hoch erhitzbares Fett, beispielsweise gehärtetes und ungehärtetes Kokos- und Plattenfett, Butterschmalz, Schweineschmalz oder Speiseöle, wie z. B. Sojaöl, Sonnenblumenöl oder Rapsöl.

Da Butter sehr leicht verbrennt, kann man sie zum milden Braten mit der gleichen Menge Öl mischen.

Pflanzenmargarine lässt sich nicht hoch erhitzen und ist deshalb nur bedingt zum Braten geeignet. Diätmargarine enthält mindestens 40 Prozent mehrfach ungesättigte Fettsäuren und ist zum Braten nicht geeignet. Halbfettmargarine und -butter enthalten viel Wasser und sollten deshalb ebenfalls nicht zum Braten verwendet werden. Wenn Sie fettarm braten wollen, verwenden Sie eine Grillpfanne oder eine beschichtete Pfanne.

Kalt gepresstes Öl ist besonders hochwertig, beim Erhitzen gehen die wertvollen Bestandteile jedoch verloren. Wenn Sie nicht auf den typischen Geschmack verzichten wollen, beträufeln Sie das fertige Bratgut damit.

Fleischkauf ist Vertrauenssache

Fragen Sie Ihren Metzger nach dem besten Stück Steakfleisch, das er hat! Steakfleisch vom Rind muss gut abgehangen, von dunkelroter Farbe und mit dünnen Fettadern durchzogen sein. Zum Kurzbraten eignen sich neben dem Roastbeef die Lende und das Filet. Besondere Delikatessen sind das Porterhouse-Steak und das T-Bone-Steak.

Bei Schwein und Kalb eignen sich zum Kurzbraten Schnitzel, Kotelett, Filet und Lende sowie Leber, Niere und Kalbsbries. Besonders geschätzt wird für Pfannengerichte zartes Lammfleisch, vor allem Filet, Kotelett und Lende.

Wildfleisch gehört zu den teureren Fleischsorten. Sie sollten es aber trotzdem häufig genießen. Ein zartes Reh-, Hirsch- oder Wildschweinsteak oder ein Filetgeschnetzeltes mit feiner Sauce sind eine Delikatesse. Wildfleisch ist mager und reich an Nährstoffen.

Eingefrorene Steaks von Fleisch oder Fisch müssen vollständig aufgetaut werden, bevor man sie weiterverarbeitet.

Hackfleisch, Wurst und Schinken eignen sich für Pfannengerichte bestens. Sie sind in kurzer Zeit gar und können mit den unterschiedlichsten Zutaten raffiniert ergänzt werden.

Frischer oder tiefgekühlter Fisch aus dem Meer oder dem Süßwasser ist eine Delikatesse. Er ist gesund und auf viele verschiedene Arten schnell zubereitet. Seelachs, Kabeljau, Scholle, Heilbutt, Lachs, Forelle, Karpfen oder Meeresfrüchte sind nur wenige Fischsorten, die in der Pfanne zu wahren Schlemmereien verwandelt werden.

Das Braten von Steaks ist Erfahrungssache

Sie brauchen dazu eine schwere Pfanne und geschmacksneutrales, hoch erhitzbares Fett, außerdem ein gutes Stück Fleisch, das Zimmertemperatur hat und gewaschen und sehr gut trockengetupft ist.

Das Fett wird erhitzt, bis es leicht raucht, dann wird das Fleisch hineingelegt. Nach einer Minute haben sich die Poren geschlossen und das Fleisch wird mit einem Pfannenwender (nicht mit der Gabel!) gewendet. Nach einer weiteren Minute wird die Hitze reduziert, das Fleisch gesalzen und gepfeffert und nach Geschmack weitergegart.

Lieben Sie Ihr Filetsteak stark blutig (rare, bleu), wird es von jeder Seite etwa 2 Minuten gebraten. Soll das Steak in der Mitte blutig sein (medium rare, saignant), braten Sie es auf jeder Seite etwa 3 Minuten. Ein halb durchgebratenes Steak mit einem leicht blutigen Kern (medium, a point), benötigt etwa 4 Minuten auf jeder Seite und ein ganz durchgebratenes Steak (welldone, bien cuit) braucht jeweils 5 Minuten. Ein noch nicht durchgebratenes Steak gibt auf Fingerdruck je nach Bratdauer sehr leicht bis leicht nach, ein durchgebratenes Steak kaum, es ist fest. Schweine-, Lamm- und Wildfilet sollten Sie immer fast durchbraten (medium, a point).

Koteletts, T-Bone-Steaks und Porterhouse-Steaks werden je nach Dicke 30 Minuten oder länger gebraten,

Leberscheiben haben eine Gesamtbratzeit von etwa 6 Minuten, Briesscheiben von etwa 4 Minuten und klein geschnittene Nieren von 10–15 Minuten.

Geflügelsteaks und -schnitzel sind besonders fettarm und leicht verdaulich. Putenschnitzel werden auf jeder Seite etwa 2 Minuten, Hähnchenbrustfilets je nach Stärke 3–5 Minuten gebraten. Zu langes Braten macht das Fleisch trocken und faserig.

Fischsteaks und -filets werden je nach Dicke 3–6 Minuten gebraten. Auch Fisch wird durch zu langes Braten trocken und faserig.

Alle Fleischstücke werden nach dem scharfen Anbraten immer wieder gewendet und mit dem Bratensaft übergossen. Besonders fein schmecken Steaks, wenn sie kurz vor Bratende mit etwas flüssiger Butter beträufelt und nach dem Braten mit geschrotetem Pfeffer bestreut werden. Sie können aber auch hochprozentigen Alkohol (Cognac, Whisky oder Rum) in die heiße Pfanne gießen und die Steaks flambieren.

Wenn Sie zu Steaks und Schnitzeln eine Sauce servieren möchten, dann löschen Sie den Bratensatz mit einem trockenen Rot- oder Weißwein oder mit Brühe ab. Lassen Sie den Fond um die Hälfte einreduzieren, geben Sie je nach Geschmack süße Sahne, Crème fraîche, Sauerrahm oder Schmand dazu und verfeinern mit Gewürzen oder Kräutern. Lassen Sie anschließend die Sauce nochmals einkochen.

Wer mag, kann die Sauce noch mit etwas Speisestärke leicht binden. Dazu wird die Speisestärke in kaltem Wasser angerührt, mit dem Schneebesen in die kochende Sauce gerührt und kurz aufgekocht. Die fertige Sauce kann nun noch durch ein Sieb passiert werden.

Ein schnelles, aber köstliches Pfannengericht ist das Geschnetzelte. Sie können dafür jedes zarte Fleisch, vorzugsweise Filet oder Keule, verwenden. Ob Sie Rind, Schwein, Kalb, Pute, Hähnchen oder Wild verarbeiten, bleibt Ihrem persönlichen Geschmack überlassen.

Schneiden Sie alle Sehnen und alles Fett sorgfältig ab, waschen Sie das Fleisch und trocknen Sie es gründlich. Nun schneiden Sie es mit einem scharfen Messer in dünne Scheibchen oder Streifen. Nach dem Erhitzen des Fettes geben Sie das Fleisch in die Pfanne und braten es in kurzer Zeit rundherum an. Anschließend nehmen Sie es heraus und stellen es warm. Nun können Sie die Sauce im verbliebenen Bratfett zubereiten. Das gebratene Fleisch kommt ganz zum Schluss wieder in die Pfanne und wird nur noch erhitzt.

Damit Steaks, Schnitzel, Geschnetzeltes oder auch Fisch einen noch besseren Geschmack bekommen, können Sie das Fleisch einige Zeit in eine Marinade einlegen. Dazu verrühren Sie hoch erhitzbares Speiseöl je nach Rezept mit verschiedenen Gewürzen, z. B. Pfeffer, Curry, Kreuzkümmel, Fünfgewürzpulver, Cayennepfeffer, Ingwer, Knoblauch und gerebelten Kräutern. Reiben Sie das Fleisch mit dieser Marinade gründlich ein und lassen Sie es im Kühlschrank ziehen.

Gemüse und Obst aus der Pfanne

Feste Gemüsesorten wie Blumenkohl, Brokkoli, Fenchel, grüne Bohnen, Kohl, Kohlrabi, Paprikaschoten, Möhren, Spargel oder Schwarzwurzeln werden geputzt, je nach Sorte in feine Streifen oder kleine Würfel geschnitten oder in Röschen geteilt und in kochendem Salzwasser kurz blanchiert. Anschließend nimmt man das Gemüse heraus und schreckt es in Eiswasser ab, damit die appetitliche Farbe erhalten bleibt. Nun kommt das Gemüse in die Pfanne zu Fleisch oder Fisch und wird dort fertig gegart.

Blattgemüse (Wirsing, Spinat, Mangold) sowie Auberginen, Gurken, Lauch, Pilze, Zwiebeln und Zucchini werden ebenfalls geputzt und klein geschnitten, kommen aber ohne Blanchieren in die Pfanne und werden darin gegart.

Pilze sind während des ganzen Jahres frisch, tiefgekühlt oder als Konserve erhältlich. Für Pfannengerichte sind sie ideale Begleiter, da sie kurze Garzeiten haben und hervorragend schmecken. Steinpilze oder Pfifferlinge sind Pilze, die in heimischen Wäldern wachsen. Sie werden jedoch auch aus östlichen oder südlichen Ländern importiert. Champignons, Egerlinge und Austernseitlinge gehören zu den Zuchtpilzen, sie sind preiswert im Supermarkt oder auf dem Wochenmarkt erhältlich.
Pilze werden nach Möglichkeit nur mit einer Bürste gereinigt oder einem Küchentuch abgerieben. Müssen sie doch gewaschen werden, so sollte dies unter fließendem, kaltem Wasser geschehen. Anschließend lässt man die Pilze gut abtropfen oder trocknet sie mit einem

Tuch ab. Je nach Größe werden Pilze in Scheiben oder Stücke geschnitten, geviertelt oder halbiert.

Bananen, Ananas, Pfirsiche, Mangos, Äpfel oder Birnen sind nur einige Obstsorten, die in Verbindung mit Fleisch oder Fisch Pfannengerichte auf herrliche Art bereichern. Wählen Sie immer feste, reife Früchte, die beim Braten nicht zerfallen. Obst ist in der exotischen und asiatischen Küche besonders beliebt. Es passt sehr gut zu scharf gewürzten Speisen.

Eier

Ein klassisches Pfannengericht sind lockere Rühreier oder Spiegeleier, die in Butter gebraten wurden. Sie ergänzen aber auch Fleisch-, Wurst- oder Gemüsegerichte auf gesunde Weise. Achten Sie beim Eierkauf stets darauf, dass sie frisch sind und möglichst von Hühnern aus Bodenhaltung stammen. Eier sind in Handels- und Gewichtsklassen eingeteilt. Klasse A sind hochwertige, frische Eier, Klasse B sind Eier „zweiter Wahl". Ein Ei der Gewichtsklasse L wiegt ca. 70 g, ein Ei der Gewichtsklasse M etwa 60 g. Bewahren Sie Eier immer im Kühlschrank auf und verbrauchen Sie sie innerhalb von 10–14 Tagen.

Kräuter und Gewürze

Was wäre ein köstliches Pfannengericht ohne die richtige Würze! Sie verleiht jeder Speise das gewisse Etwas. Neben Salz, Pfeffer und Paprikapulver stehen Gewürze von mild bis höllisch scharf zur Verfügung. Curry, Muskat, Kümmel, Cayennepfeffer, Chilipulver, Knoblauch, Kurkuma, Kreuzkümmel, Kardamom, Ingwer oder Fünfgewürzpulver würzen Fleisch, Wurst, Gemüse oder Fisch mal traditionell, mal exotisch. Petersilie, Schnittlauch, Basilikum, Thymian, Rosmarin, Estragon, Majoran oder Liebstöckel sind nur einige Küchenkräuter, die während des ganzen Jahres frisch, getrocknet oder tiefgekühlt zur Verfügung stehen und zum Experimentieren einladen. Mit Gewürzen und Kräutern zaubern Sie die ganze Welt auf den Tisch, von Europa, Afrika, Lateinamerika bis Asien. Der Fantasie sind hier keine Grenzen gesetzt. Sie sollten nur darauf achten, dass Sie die Gewürze sparsam einsetzen und unbekannte erst einmal vorsichtig ausprobieren.

Pfannengerichte zum Verwöhnen

Nudeln mit Zucchini

Für 4 Personen:

200 g kurze, gewellte Bandnudeln
Salzwasser

Außerdem:
1 TL Olivenöl
1 Zwiebel
4 Knoblauchzehen
1 TL Salz
500 g Zucchini
1 rote Paprikaschote
125 ml Gemüsebrühe
150 g gekochter Schinken
Salz, Pfeffer aus der Mühle
1 Prise Cayennepfeffer
1 Prise Muskat
1 EL Sojasauce
Frühlingszwiebeln zum Garnieren

1. Die Bandnudeln im Salzwasser bissfest garen, abgießen, abschrecken und gut abtropfen lassen.

2. Das Olivenöl in einer Pfanne erhitzen, die geschälte und fein gehackte Zwiebel darin glasig schwitzen.

3. Die Knoblauchzehen schälen, fein würfeln, mit Salz zu einer Paste zerreiben und zur Zwiebel geben.

4. Die Zucchini putzen, waschen, in dünne Scheiben schneiden, die Paprikaschote halbieren, entkernen, waschen, in feine Streifen schneiden, zu den Knoblauchzwiebeln geben und mitschwitzen.

5. Mit der Brühe ablöschen und einmal aufkochen lassen. Den Schinken in Streifen schneiden und unterrühren. Anschließend die Nudeln hinzufügen und unter die Gemüse-Schinken-Mischung heben.

6. Mit Salz, Pfeffer, Cayennepfeffer, Muskat und Sojasauce kräftig abschmecken. Die Bandnudeln mit Zucchini auf heißen Tellern anrichten, mit in Scheiben geschnittenen Frühlingszwiebeln garnieren und servieren.

Currynudeln

Für 4 Personen:

1 kg Zucchini
400 g Putenschnitzel
Salz, Pfeffer aus der Mühle
1 TL Olivenöl
100 ml Weißwein
1 EL Curry
Saft und Schale von 1 Zitrone
1–2 EL Sojasauce
250 g bissfest gegarte Hörnchennudeln
Rucola und gebratene Paprikawürfel zum Garnieren

1. Die Zucchini putzen, waschen und in 2–3 cm dicke Scheiben schneiden.

2. Die Putenschnitzel unter fließendem Wasser waschen, trockentupfen, in Streifen schneiden, mit Salz und Pfeffer würzen.

3. Etwas Olivenöl in einer beschichteten Pfanne erhitzen, das Fleisch darin anbraten, herausnehmen und warm stellen.

4. Die Zucchinischeiben ins verbliebene Bratfett geben und anbraten.

5. Mit Weißwein ablöschen, den Curry untermischen, mit Salz, Pfeffer, Zitronensaft und Zitronenschale sowie Sojasauce abschmecken und die Zucchini bissfest dünsten.

6. Nach Ende der Garzeit das Fleisch und die Nudeln unter das Zucchinigemüse heben, kurz braten und nachwürzen.

7. Die Currynudeln anrichten, mit Rucola und gebratenen Paprikawürfeln garnieren und servieren.

Nudelfrittata

Für 4 Personen:

300 g Makkaroni, Salzwasser
einige Tropfen Olivenöl
1 Zwiebel, 1 rote Paprikaschote
1 EL Butter
100 g Zuckererbsenschoten
150 ml Gemüsebrühe
Salz, Pfeffer aus der Mühle
1 Prise Muskat
1 Prise Cayennepfeffer
1 TL Paprikapulver rosenscharf
8 Eier, 50 ml Milch
1 TL Butter
Salatblätter und Tomatenachtel zum Garnieren

1. Die Makkaroni im Salzwasser mit dem Olivenöl bissfest garen, abgießen, abschrecken, abtropfen lassen und in ca. 8 cm lange Stücke schneiden.

2. Die Zwiebel schälen, fein würfeln, die Paprikaschote halbieren, entkernen und würfeln. Die Butter in einer Pfanne erhitzen, das Gemüse darin glasig schwitzen.

3. Die Zuckererbsenschoten putzen, waschen, in Streifen schneiden, zum Gemüse geben und mitschwitzen. Die Brühe angießen, mit Salz, Pfeffer, Muskat, Cayennepfeffer und Paprikapulver kräftig würzen und die Flüssigkeit bei starker Hitze vollständig verdampfen lassen.

4. Die Eier mit der Milch verschlagen, mit Salz, Pfeffer und Muskat würzen.

5. In einer großen oder 2 kleinen Pfannen etwas Butter erhitzen, die Eier einfüllen, kurz stocken lassen, die Nudeln und das Gemüse darauf verteilen und im auf 200 °C vorgeheizten Ofen ca. 12 Minuten garen.

6. Die Nudelfrittata herausnehmen, in Stücke schneiden, anrichten, mit Salatblättern und Tomatenachteln garnieren und servieren.

SIMONENMAKRONEN

FÜR 4 PERSONEN:

300 g Hörnchennudeln
75 g Butter
2 Gemüsezwiebeln
200 g Kartoffeln
1 l Gemüsebrühe
200 ml süße Sahne
200 g geriebener Comté-Käse
Salz, Pfeffer aus der Mühle
1 Prise Muskat
1 Prise Cayennepfeffer
1 Bund Petersilie
Basilikum zum Garnieren

1. Die Nudeln mit kaltem Wasser überbrausen und gut abtropfen lassen. Die Butter in einer Pfanne erhitzen, die Nudeln roh in die Butter geben und unter ständigem Rühren braten.

2. Die Zwiebeln schälen, fein würfeln, zu den Nudeln geben und kurz mitbraten.

3. Die Kartoffeln schälen, waschen, in dünne Scheiben schneiden, zu den Nudeln geben und mitbraten.

4. Die Gemüsebrühe 200-ml-weise angießen und immer wieder so lange braten lassen, bis die Gemüsebrühe vollständig verdampft ist. Dies wiederholen, bis die Nudeln und die Kartoffeln gar sind.

5. Zum Schluss die Sahne und den geriebenen Käse einrühren, einmal aufkochen lassen, mit Salz, Pfeffer, Muskat und Cayennepfeffer kräftig abschmecken, anrichten, mit der verlesenen, gewaschenen, fein gehackten Petersilie bestreuen und mit Basilikum garnieren. Mit gemischtem Salat mit Sahnedressing servieren.

Tortellinipfanne

Für 4 Personen:

300 g Tortellini, Salzwasser
einige Tropfen Olivenöl

Außerdem:
2–3 EL Olivenöl
500 g Putenbrustfilet
2 Zwiebeln, 2 Knoblauchzehen
2 rote Paprikaschoten
2 grüne Paprikaschoten
Salz, Pfeffer aus der Mühle
1 Prise Cayennepfeffer
1 Prise Muskat, 250 ml Milch
200 ml süße Sahne
1 Bund Basilikum

1. Die Tortellini im Salzwasser mit dem Olivenöl bissfest garen, abgießen, abschrecken und gut abtropfen lassen.

2. Das Olivenöl erhitzen. Das in feine Streifen geschnittene Putenfleisch darin anbraten und unter Rühren 6–8 Minuten braten.

3. Die Zwiebel und die Knoblauchzehen schälen, fein hacken, zum Fleisch geben und glasig schwitzen.

4. Die Paprikaschoten halbieren, entkernen, waschen, gut abtropfen lassen, in Würfel oder Streifen schneiden, zu den Zwiebeln geben und kurz mitschwitzen.

5. Das Ganze mit Salz, Pfeffer, Cayennepfeffer und Muskat kräftig abschmecken.

6. Die Milch mit der Sahne angießen und 5–6 Minuten köcheln lassen. Die Tortellini dazugeben und kurz durchschwenken, erhitzen und nochmals nachwürzen.

7. Den Tortellinipfanne anrichten, mit Basilikum ausgarnieren und sofort servieren.

Gemüsepfanne mit Gnocchis

Für 4 Personen:

2 Packungen Gnocchis (aus dem Kühlregal, à 400 g)
Salzwasser, 200 g Schalotten
2 Knoblauchzehen
2 EL Olivenöl
je 1 rote, gelbe und grüne Paprikaschote, 1 Zucchini
400 ml passierte Tomaten
Salz, Pfeffer aus der Mühle
1 Prise Zucker
1 Prise Cayennepfeffer
1 Päckchen italienische Kräuter (TK-Produkt)
1 Bund Basilikum

1. Die Gnocchis im Salzwasser nach Packungsanweisung garen, herausnehmen und gut abtropfen lassen.

2. Die Schalotten und die Knoblauchzehen schälen und in feine Würfel schneiden. Das Olivenöl in einer Pfanne erhitzen, Schalotten und Knoblauch darin glasig schwitzen.

3. Die Paprikaschoten halbieren, entkernen, waschen, abtropfen lassen, in mundgerechte Stücke schneiden zu den Knoblauchschalotten geben und kurz mitschwitzen.

4. Die geputzte, gewaschene Zucchini halbieren, in Scheiben schneiden, zum Gemüse geben und mitschwitzen.

5. Die Tomaten angießen und bei mäßiger Hitze 5–6 Minuten köcheln lassen. Mit Salz, Pfeffer, Zucker und Cayennepfeffer kräftig würzen.

6. Die Gnocchis und die italienischen Kräuter untermischen, erhitzen, anrichten, mit Basilikum garnieren und servieren.

Nudelpfanne mit Seelachsfilets

Für 4 Personen:

500 g küchenfertige Seelachsfilets
einige Tropfen Zitronensaft
einige Tropfen Worcestersauce
Salz, Pfeffer aus der Mühle

Außerdem:
300 g Fusilli (Spirelli oder andere gedrehte Nudeln), Salzwasser
einige Tropfen Olivenöl

Für die Sauce:
2–3 EL Olivenöl
2–3 Kumquats, 1 Zwiebel
1–2 Fenchelknollen
2 Knoblauchzehen
1 rote Chilischote
2–3 Frühlingszwiebeln
500 g Tomaten
250 ml Tomatensauce
Kräuterzweige zum Garnieren

1. Die Seelachsfilets unter fließendem Wasser waschen, trockentupfen und in Würfel schneiden. Mit Zitronensaft und Worcestersauce beträufeln, mit Salz und Pfeffer würzen und im Kühlschrank 10–15 Minuten ziehen lassen.

2. Die Fusilli im Salzwasser mit dem Olivenöl bissfest garen, abgießen, abschrecken und gut abtropfen lassen.

3. Das Olivenöl in einer großen Pfanne erhitzen. Die Kumquats im heißen Wasser waschen, in feine Streifen oder Scheiben schneiden, ins Fett geben und kurz anschwitzen.

4. Die Zwiebel schälen und fein würfeln, zu den Kumquats geben und kurz mitschwitzen.

5. Die Fenchelknollen putzen, waschen und in Streifen schneiden. Mit den geschälten und fein gehackten Knoblauchzehen, der halbierten, entkernten und fein geschnittenen Chilischote zu den Kumquats und den Zwiebeln geben und mitschwitzen.

6. Die Frühlingszwiebeln putzen, waschen und klein schneiden. Mit den Seelachswürfeln zum Gemüse geben und zugedeckt 4–5 Minuten dünsten.

7. Die Tomaten enthäuten, entkernen und klein schneiden, zum Gemüse geben, die Tomatensauce angießen und einmal aufkochen lassen.

8. Die Nudeln hinzufügen, durchschwenken und erhitzen. Mit Salz, Pfeffer, Zitronensaft und Worcestersauce abschmecken. Die Nudelpfanne anrichten, mit Kräuterzweigen garnieren und servieren.

Zwiebelkartoffeln mit Würsteln

Für 4 Personen:

1 kg fest kochende Kartoffeln
Salzwasser
5–6 EL Butterschmalz
Salz, Pfeffer aus der Mühle
Kümmel, Majoran oder Oregano nach Geschmack
1 Prise Muskat
400 g Zwiebeln
1–2 EL Butterschmalz
1 Packung Nürnberger Rostbratwürstchen (240 g)
1 Bund glatte Petersilie
Salz, Pfeffer aus der Mühle
1 Prise Cayennepfeffer
Petersilie zum Garnieren

1. Die Kartoffeln unter fließendem Wasser abbürsten. Mit dem Salzwasser in einen Topf geben, die Kartoffeln zugedeckt zum Kochen bringen und in 18–20 Minuten garen.

2. Die Kartoffeln abgießen, abkühlen lassen, pellen und in Scheiben schneiden.

3. Das Butterschmalz in einer Pfanne erhitzen und die Kartoffelscheiben darin goldgelb rösten. Mit Salz, Pfeffer und Muskat würzen. Je nach Geschmack mit Kümmel, Majoran oder Oregano verfeinern.

4. Die Zwiebeln schälen und in Scheiben schneiden. Das Butterschmalz in einer zweiten Pfanne erhitzen.

5. Die Bratwürstchen im Fett goldgelb braten, herausnehmen und warm stellen.

6. Die Zwiebeln ins verbliebene Bratfett geben und goldgelb rösten.

7. Die Petersilie verlesen, waschen und klein schneiden. Mit den Zwiebeln und den Bratwürstchen unter die Bratkartoffeln heben und kurz mitbraten.

8. Die Zwiebelkartoffeln mit Salz, Pfeffer und Cayennepfeffer kräftig abschmecken, anrichten, mit Petersilie garnieren und servieren.

Italienische Bratkartoffeln

Für 4 Personen:

800 g möglichst kleine, gleich große Pellkartoffeln
50 ml Olivenöl
2–3 Zweige Rosmarin
2–3 Zweige Thymian
100 g getrocknete Tomaten
75 g Parmaschinken
75 g mit Paprika gefüllte, grüne Oliven
je 100 ml Weißwein und Gemüse- oder Fleischbrühe
Salz, Pfeffer aus der Mühle
Parmaschinkenscheiben und Basilikum zum Garnieren

1. Die Pellkartoffeln schälen, je nach Größe halbieren oder vierteln.

2. Das Olivenöl in einer großen Pfanne erhitzen, die Kartoffeln hinzufügen und braten.

3. Die Kräuterzweige verlesen, zerpflücken, zu den Kartoffeln geben und mitbraten.

4. Die getrockneten Tomaten je nach Größe halbieren oder vierteln, mit dem in Streifen geschnittenen Parmaschinken zu den Kartoffeln geben und kurz mitbraten.

5. Die gefüllten Oliven untermischen, den Weißwein und die Gemüse- oder Fleischbrühe angießen, bei starker Hitze so lange braten, bis die Flüssigkeit verdampft ist. Mit Salz und Pfeffer würzen.

6. Die italienischen Bratkartoffeln anrichten, mit Parmaschinkenscheiben und Basilikum garnieren und servieren.

Kartoffelpfanne mit Hackbällchen und Romanesco

Für 4 Personen:

700 g Kartoffeln
Salzwasser zum Garen
1 Kopf Romanesco
1/2 Kopf Blumenkohl
100 g Zuckererbsenschoten

Für die Hackbällchen:
500 g gemischtes Hackfleisch
2 Schalotten
2 Knoblauchzehen
1 TL gerebelter Majoran
2 Eier
2–3 EL Semmelbrösel
Salz, Pfeffer aus der Mühle
1 Prise Muskat
1 Prise Cayennepfeffer
Gemüse- oder Fleischbrühe zum Garziehen

Außerdem:
1 EL Olivenöl, 1 TL Butter
2 Zweige Rosmarin
2 Zweige Thymian

1. Die Kartoffeln waschen, im kochenden Salzwasser bissfest garen, abgießen, pellen und halbieren.

2. Den Romanesco und den Blumenkohl putzen, waschen und in Röschen teilen. Die Zuckerschoten verlesen und waschen.

3. Das Gemüse in kochendem Salzwasser blanchieren, abgießen und gut abtropfen lassen.

4. Das Hackfleisch mit den geschälten und fein gewürfelten Schalotten in eine Schüssel geben. Die Knoblauchzehen schälen, auspressen, mit dem Majoran zum Fleisch geben.

5. Die Eier hinzufügen und die Zutaten zu einer Masse verarbeiten, mit Semmelbröseln nach Bedarf binden. Mit Salz, Pfeffer, Muskat und Cayennepfeffer abschmecken.

6. Aus der Masse kleine Bällchen abdrehen und diese in der Gemüsebrühe gar ziehen lassen.

7. Das Öl und die Butter in einer Pfanne erhitzen, die Kartoffeln dazugeben und Farbe nehmen lassen.

8. Anschließend das Gemüse untermischen. Die zerpflückten Kräuter dazugeben und das Ganze erhitzen. Mit Salz, Pfeffer und Muskat abschmecken und servieren.

CROMARGAN® 18/10
Made in Germany

Bierkutscherpfanne mit Lauch

Für 4 Personen:

400 g Kartoffeln
400 g Karotten
1 Zwiebel
2 Knoblauchzehen
1 EL Butterschmalz
500 g Nürnberger Rostbratwürstchen
1 große Stange Lauch
Salz, Pfeffer aus der Mühle
1 EL Majoran
1 EL Kümmel
1 Bund Petersilie

1. Die Kartoffeln und die Karotten schälen, waschen und grob raspeln. Die Zwiebel und die Knoblauchzehen schälen und fein würfeln.

2. Das Butterschmalz in einer großen Pfanne erhitzen, die Bratwürstchen darin braten, herausnehmen und warm stellen.

3. Das Gemüse ins verbliebene Bratfett geben und unter ständigem Rühren braten.

4. Den Lauch putzen, waschen, klein schneiden, hinzufügen und mitbraten. Mit Salz, Pfeffer, Majoran und Kümmel kräftig würzen.

5. Die Rostbratwürstchen dazugeben und erhitzen, anrichten, mit der verlesenen, gewaschenen und fein gehackten Petersilie bestreuen und servieren.

Leberkäse-Kartoffeln mit Spiegelei

Für 4 Personen:

800 g Kartoffeln
Salzwasser
50 g Butterschmalz
Salz, Pfeffer aus der Mühle
1 TL gemahlener Kümmel
1 Prise Muskat
800 g Leberkäse
1 Bund Petersilie

Außerdem:
8 Eier
10 g Butter zum Braten

1. Die Kartoffeln waschen, im Salzwasser in 20 Minuten garen, abgießen, erkalten lassen, pellen und in grobe Würfel schneiden.

2. Das Butterschmalz in einer Pfanne erhitzen und die Kartoffeln darin rösten. Mit Salz, Pfeffer, Kümmel und Muskat würzen.

3. Den Leberkäse in Würfel schneiden, zu den Kartoffeln geben und ca. 4 Minuten mitbraten.

4. Die Petersilie verlesen, waschen, fein schneiden und über die Leberkäse-Kartoffeln streuen.

5. Die Eier in wenig Butter zu Spiegeleiern braten.

6. Die Leberkäse-Kartoffeln anrichten, die Spiegeleier hinzufügen und mit einem bunten Salat mit Zitronendressing servieren.

KARTOFFEL-PILZ-GRÖSTL

FÜR 4 PERSONEN:

800 g Kartoffeln
2 EL Schweineschmalz
Salz, Pfeffer aus der Mühle
1 TL Kümmel
1 Prise Cayennepfeffer
100 g durchwachsener, geräucherter Speck
2–3 Schalotten
400 g gemischte Pilze (Champignons, Egerlinge, Steinpilze)
Saft von 1 Zitrone
100 ml Weißwein
2–3 Zweige Rosmarin

Für die Senfcreme:
250 g Crème fraîche
2–3 EL scharfer Senf
2–3 EL grober Senf
Saft von 1 Zitrone
1 Prise Zucker
Rosmarin zum Garnieren

1. Die Kartoffeln unter fließendem Wasser abbürsten und in dünne Spalten schneiden.

2. Das Schweineschmalz in einer großen Pfanne erhitzen und die Kartoffelspalten darin 20–25 Minuten braten.

3. Die Kartoffeln mit Salz, Pfeffer, Kümmel und Cayennepfeffer kräftig würzen.

4. 10 Minuten vor Garende den fein gewürfelten Speck und die geschälten und fein gewürfelten Schalotten dazugeben und mitbraten.

5. In der Zwischenzeit die Pilze verlesen, nach Bedarf klein schneiden, mit Zitronensaft beträufeln. Nach Ende der Garzeit die Pilze zu den Kartoffeln geben.

6. Den Weißwein angießen. Den Rosmarin verlesen, klein schneiden und hinzufügen. So lange bei starker Hitze garen, bis die Flüssigkeit fast vollständig verdampft ist.

7. Für die Senfcreme die Crème fraîche mit dem Senf und dem Zitronensaft in einer Schüssel kräftig verschlagen. Mit Salz, Pfeffer, Cayennepfeffer und Zucker abrunden.

8. Das Kartoffel-Pilz-Gröstl anrichten, mit der Senfcreme überziehen, mit Rosmarin garnieren und servieren.

Bratkartoffelgulasch

Für 4 Personen:

1 kg Kartoffeln, Salzwasser
1 EL Kümmel
2 EL Butterschmalz
2 Zwiebeln
2 Knoblauchzehen
je 1 rote, gelbe und grüne Paprikaschote
400 ml Fleischbrühe
1 EL gerebelter Majoran
1 TL gerebelter Thymian
1 EL Paprikapulver edelsüß
Salz, Pfeffer aus der Mühle
1 Prise Muskat
1 Prise Cayennepfeffer
1 Bund Petersilie

1. Die Kartoffeln unter fließendem Wasser abbürsten, mit dem Salzwasser und dem Kümmel in einen Topf geben, zum Kochen bringen und in 20 Minuten garen.

2. Die Kartoffeln abgießen, abkühlen lassen, pellen, in Würfel oder Scheiben schneiden.

3. Das Butterschmalz in einer großen Pfanne erhitzen und die Kartoffeln darin goldgelb rösten.

4. Die Zwiebeln und die Knoblauchzehen schälen und fein würfeln, zu den Bratkartoffeln geben und kurz mitbraten.

5. Die Paprikaschoten halbieren, entkernen, waschen, in Würfel schneiden, zu den Kartoffeln geben und kurz braten.

6. Die Fleischbrühe angießen und zum Kochen bringen. Den Majoran, den Thymian und das Paprikapulver einrühren, das Gulasch bei mäßiger Hitze 6–8 Minuten köcheln lassen.

7. Das Bratkartoffelgulasch mit Salz, Pfeffer, Muskat und Cayennepfeffer kräftig würzen, anrichten, mit der verlesenen, gewaschenen und fein gehackten Petersilie bestreuen, mit Petersilie garnieren und servieren.

Bamberger Kartoffelpfanne

Für 4 Personen:

600 g Kartoffeln „Bamberger Hörnle“, Salzwasser
1 EL Kümmel

Außerdem:
1 Zwiebel, 2 Karotten
100 g Champignons
Saft von 1/2 Zitrone
1 Zucchini
20 g Butterschmalz
100 g Wammerl (geräuchertes, gekochtes Bauchfleisch)
1 Paar Paprikawürstel oder Debrecziner
Salz, Pfeffer aus der Mühle
Kräuterzweige zum Garnieren

1. Die Kartoffeln mit einer Bürste unter fließendem Wasser säubern, in einem Topf mit Salzwasser und dem Kümmel ansetzen und in 8–10 Minuten garen. Die Kartoffeln abgießen, erkalten lassen und pellen.

2. Die Zwiebel und die Karotten schälen und in Scheiben oder mundgerechte Stücke schneiden.

3. Die Champignons putzen, in Scheiben schneiden und mit Zitronensaft beträufeln.

4. Die Zucchini putzen und in mundgerechte Stücke schneiden.

5. Das Butterschmalz in einer Pfanne erhitzen. Das Wammerl in Würfel schneiden, ins Schmalz geben und unter ständigem Rühren braten.

6. Die Zwiebel und die Karotten dazugeben und bei mäßiger Hitze 4–5 Minuten dünsten.

7. Anschließend die Kartoffeln, die Champignons und die Zucchini hinzufügen, durchschwenken und weitere 4–5 Minuten braten.

8. Die Würstchen in Scheiben schneiden, zum Gemüse geben und ebenfalls 5 Minuten mitbraten.

9. Die Bamberger Kartoffelpfanne mit Salz und Pfeffer würzen und fertig braten, anrichten, mit Kräuterzweigen garnieren und servieren.

Kartoffelpfanne mit Speck

Für 4 Personen:

800 g Kartoffeln
4 Zwiebeln
250 g durchwachsener, geräucherter Speck
2–3 EL Butterschmalz
Salz, Pfeffer aus der Mühle
1 EL Kümmel

Außerdem:
2–3 EL Butter
4 Eier
1 Kästchen Kresse
Petersilie zum Garnieren

1. Die Kartoffeln schälen, waschen und in Scheiben schneiden.

2. Die Zwiebeln schälen und ebenfalls in Scheiben schneiden.

3. Den Speck in feine Würfel oder Streifen schneiden.

4. Das Butterschmalz in einer Pfanne erhitzen, den Speck dazugeben und kurz anbraten.

5. Die Kartoffeln hinzufügen und bei mäßiger Hitze 8–10 Minuten braten.

6. Die Zwiebeln dazugeben und weitere 8–10 Minuten braten. Mit Salz, Pfeffer und Kümmel kräftig würzen.

7. Die Butter in einer zweiten Pfanne erhitzen, die Eier darin zu Spiegeleiern braten, leicht salzen und pfeffern.

8. Die Kartoffelpfanne anrichten, je ein Spiegelei obenauf setzen, mit der verlesenen Kresse bestreuen, mit Petersilie garnieren und servieren.

Spargel-Reis-Pfanne mit Schweinefilet

Für 4 Personen:

2 Kochbeutel Spitzen-Langkornreis
Salzwasser oder Gemüsebrühe zum Garen
600 g Schweinefilet
Salz, Pfeffer aus der Mühle
2 EL Olivenöl
2 Zwiebeln
2 Knoblauchzehen
je 1 rote und gelbe Paprikaschote
1/2 Bund Frühlingszwiebeln
400 g bissfest gegarter, weißer Spargel
1 Prise Cayennepfeffer
1 Prise Zucker
einige Tropfen Zitronensaft
einige Tropfen Worcestersauce

1. Den Reis im Salzwasser oder in der Gemüsebrühe bissfest garen, abgießen, abschrecken und gut abtropfen lassen.

2. Das Schweinefilet unter fließendem Wasser waschen, trockentupfen, in Scheiben schneiden, mit Salz und Pfeffer würzen.

3. Das Olivenöl in einer Pfanne erhitzen, das Fleisch darin unter ständigem Rühren braten, herausnehmen und warm stellen.

4. Die Zwiebeln und die Knoblauchzehen schälen, die Zwiebeln in Streifen, den Knoblauch in Scheiben schneiden, ins verbliebene Bratfett geben und anschwitzen.

5. Die Paprikaschoten halbieren, entkernen, waschen, gut abtropfen lassen, in Streifen schneiden, zu den Knoblauchzwiebeln geben und kurz mitbraten.

6. Die geputzten Frühlingszwiebeln waschen und klein schneiden, dazugeben und dünsten.

7. Den Spargel in mundgerechte Stücke schneiden und zum Gemüse geben. Mit Salz, Pfeffer, Cayennepfeffer, Zucker, Zitronensaft und Worcestersauce abschmecken und bei mäßiger Hitze 4–5 Minuten dünsten.

8. Den Reis und das Fleisch untermischen, erhitzen, aber nicht mehr kochen lassen.

9. Die Spargel-Reis-Pfanne nachwürzen, anrichten und servieren.

Paellapfanne mit Huhn und Meeresfrüchten

Für 4 Personen:

150 g Langkornreis
250 ml Gemüsebrühe
1 Msp. Safran, Salz, 2 Zwiebeln
je 1 rote und grüne Paprikaschote
100 g Hähnchenbrustfilet
1 TL Olivenöl
300 g Miesmuscheln (ca. 50 g Muschelfleisch, TK-Produkt)
150 g geschälte Garnelenschwänze
100 g grüne Erbsen (TK-Produkt)
50 g Zuckermais (TK-Produkt)
100 ml Weißwein
Pfeffer aus der Mühle
1 Prise Cayennepfeffer
einige Tropfen Zitronensaft
einige Tropfen Tabasco

1. Den Reis mit der Gemüsebrühe, dem Safran und Salz in einen Topf geben und bissfest garen.

2. Die Zwiebeln schälen, fein würfeln, das Olivenöl in einer beschichteten Pfanne erhitzen und die Zwiebeln darin andünsten.

3. Die Paprikaschoten halbieren, entkernen, waschen, in mundgerechte Stücke schneiden, das Hähnchenbrustfilet in feine Streifen schneiden, zu den Zwiebeln geben und mitschwitzen.

4. Die Miesmuscheln und die Garnelenschwänze unter fließendem Wasser waschen, mit den Erbsen und dem Mais unterheben.

5. Den Weißwein angießen, das Ganze mit Salz, Pfeffer und Cayennepfeffer kräftig würzen und zugedeckt bei mittlerer Hitze 5 Minuten dünsten.

6. Den Reis dazugeben, unter Rühren erhitzen, mit Zitronensaft und Tabasco abrunden.

7. Die Paella mit Huhn und Meeresfrüchten anrichten und servieren.

Gemüse-Reis-Pfanne mit Cashewkernen

Für 4 Personen:

300 g Langkornreis
Salzwasser oder Gemüsebrühe zum Garen
300 g grüne Bohnen (frisch oder TK-Produkt)
2 EL Butter
1 Zwiebel
je 1 rote und gelbe Paprikaschote
1 Zucchini
Salz, Pfeffer aus der Mühle
1 Prise Muskat
1 Prise Cayennepfeffer
1 Prise Zucker
100 g gesalzene, geröstete Cashewkerne

1. Den Langkornreis unter fließendem Wasser waschen und im kochenden Salzwasser oder in der Gemüsebrühe in 18–20 Minuten bissfest garen, abgießen, abschrecken und gut abtropfen lassen.

2. Die frischen Bohnen putzen, in mundgerechte Stücke schneiden, die TK-Bohnen auftauen lassen.

3. Die Butter in einer Pfanne erhitzen, die geschälte und fein gewürfelte Zwiebel darin glasig schwitzen.

4. Die Paprikaschoten halbieren, entkernen, waschen und in Streifen schneiden, mit den Bohnen zur Zwiebel geben und so lange braten, bis das Gemüse weich ist.

5. Die Zucchini putzen, waschen, in Streifen schneiden und kurz vor Garende zum Gemüse geben.

6. Den Reis untermischen, mit Salz, Pfeffer, Muskat, Cayennepfeffer und Zucker abschmecken. Zum Schluss die Cashewkerne untermischen.

7. Die Gemüse-Reis-Pfanne anrichten und servieren.

Gebratener Gemüsereis

Für 4 Personen:

200 g Langkornreis
Salzwasser oder Gemüsebrühe
2 Karotten, 150 g grüne Bohnen
150 g Blumenkohlröschen
2 Knoblauchzehen
2 rote Zwiebeln
1 EL Erdnussöl
1 gelbe Paprikaschote
75 g Cashewkerne
100 ml Sojasauce
1/2 TL gemahlener Ingwer
1 TL Fünfgewürzpulver

Außerdem:
4 Hähnchenbrustfilets
Salz, Pfeffer aus der Mühle
1 EL Butterschmalz
2 Knoblauchzehen
4 EL Sojasauce
Zitronenmelisse zum Garnieren

1. Den Langkornreis im Salzwasser oder in der Gemüsebrühe bissfest garen, abgießen und gut abtropfen lassen.

2. Die Karotten schälen und in feine Streifen schneiden. Die Bohnen putzen, je nach Bedarf klein schneiden. Die Blumenkohlröschen verlesen, waschen und gut abtropfen lassen.

3. Das Gemüse in Gemüsebrühe bissfest garen, herausnehmen und gut abtropfen lassen.

4. Die Knoblauchzehen und die Zwiebeln schälen und fein würfeln. Das Erdnussöl in einer großen Pfanne erhitzen, Knoblauch und Zwiebeln darin glasig schwitzen.

5. Die Paprikaschote halbieren, entkernen, waschen, gut abtropfen lassen und in Streifen schneiden, zu den Knoblauchzwiebeln geben und kurz mitschwitzen.

6. Den Reis, das Gemüse und die Cashewkerne dazugeben und mitschwitzen. Mit der Sojasauce ablöschen, mit Ingwer und Fünfgewürzpulver würzen.

7. Die küchenfertigen Hähnchenbrustfilets unter fließendem Wasser waschen, trockentupfen, mit Salz und Pfeffer kräftig würzen.

8. Das Butterschmalz in einer Pfanne erhitzen. Die Knoblauchzehen schälen, fein würfeln, ins Fett geben und glasig schwitzen.

9. Die Hähnchenbrustfilets ins Knoblauchfett geben und kurz anbraten. Mit Sojasauce beträufeln und im auf 180–200 °C vorgeheizten Backofen 10–15 Minuten braten.

10. Die gegarten Filets in Scheiben schneiden, mit dem gebratenen Gemüsereis anrichten, mit Zitronenmelisse garnieren und servieren.

Hackfleisch-Reis-Pfanne

Für 4 Personen:

200 g Langkornreis
Salzwasser zum Garen
300 g grüne Bohnen
2 Zwiebeln
2 Knoblauchzehen
2 EL Olivenöl
600 g Rinderhackfleisch
1 EL Paprikapulver edelsüß
Salz, Pfeffer aus der Mühle
1 Prise Cayennepfeffer
4 Tomaten
1 Bund glatte Petersilie

1. Den Reis im Salzwasser 20 Minuten bissfest garen.

2. Die Bohnen putzen, waschen und im Reiswasser bissfest garen, herausnehmen und abtropfen lassen.

3. Die Zwiebeln und die Knoblauchzehen schälen und fein würfeln.

4. Das Olivenöl in einer Pfanne erhitzen, das Rinderhackfleisch darin unter ständigem Rühren ca. 6 Minuten braten.

5. Zwiebeln und Knoblauch dazugeben und kurz mitbraten. Mit Paprikapulver bestäuben, mit Salz, Pfeffer und Cayennepfeffer kräftig würzen.

6. Die Tomaten enthäuten, entkernen, in Würfel schneiden, zum Fleisch geben und bei mäßiger Hitze ca. 8 Minuten dünsten.

7. Den Reis und die Bohnen untermischen und erhitzen. Nachwürzen, anrichten, mit Petersilie garnieren und servieren.

Rosinen-Pilaw mit Lammfilet

Für 4 Personen:

300 g Langkornreis
3–4 EL Olivenöl, 1 Zwiebel
2 Knoblauchzehen
600 ml Gemüse- oder Fleischbrühe
Salz, Pfeffer aus der Mühle
1 Prise Cayennepfeffer
1 TL Cumin (Kreuzkümmel)
250 g eingeweichte Rosinen

Außerdem:
4 Lammfilets à 160–180 g
Fett zum Braten
1 Bund Schnittlauch
Kräuterzweige zum Garnieren

1. Den Langkornreis unter fließendem Wasser waschen, gut abtropfen lassen. Das Olivenöl in einer Pfanne erhitzen.

2. Die Zwiebel und die Knoblauchzehen schälen, fein würfeln, ins Fett geben und glasig schwitzen.

3. Den Reis dazugeben, kurz mitschwitzen, mit der Gemüse- oder Fleischbrühe auffüllen und das Ganze zum Kochen bringen.

4. Den Reis mit Salz, Pfeffer, Cayennepfeffer und Cumin würzen und bei mäßiger Hitze 25 Minuten ausquellen lassen, dabei öfter umrühren.

5. Die Rosinen 5 Minuten vor Garende untermischen. Den Reis nachwürzen.

6. Die Lammfilets unter fließendem Wasser waschen und trockentupfen. Fett in einer Pfanne erhitzen, die Lammfilets darin nach Geschmack medium oder durchbraten, salzen und pfeffern.

7. Das Rosinen-Pilaw anrichten, die Lammfilets in Scheiben schneiden, auf das Pilaw legen, mit dem verlesenen, gewaschenen und fein geschnittenen Schnittlauch bestreuen, mit Kräuterzweigen garnieren und servieren.

Gemüse-Reis-Pfanne mit Curry

Für 4 Personen:

350 g Langkornreis
Salzwasser oder Gemüsebrühe zum Garen
2 Karotten
200 g Brokkoliröschen
1 Zucchini

Außerdem:
2 EL Erdnussöl
Saft von 2 Zitronen
1 EL Curry
1 TL Kurkuma
1 TL gemahlener Koriander
1 TL Cayennepfeffer
1 EL brauner Zucker
200 g geschälte Krabben oder Crevettenschwänze
Salz, Pfeffer aus der Mühle
1/2 Bund Koriandergrün

1. Den Langkornreis im Salzwasser oder in der Gemüsebrühe bissfest garen, abgießen und gut abtropfen lassen.

2. Die Karotten schälen und in Stifte schneiden. Die Brokkoliröschen verlesen, waschen, gut abtropfen lassen und in mundgerechte Stücke schneiden. Die Zucchini putzen, waschen und in Stücke schneiden.

3. Das Gemüse in Gemüsebrühe bissfest garen, herausnehmen und gut abtropfen lassen.

4. Das Erdnussöl in einer großen Pfanne erhitzen, den Reis und das Gemüse dazugeben, durchschwenken und erhitzen.

5. Den Zitronensaft mit dem Curry, dem Kurkuma, dem Koriander, dem Cayennepfeffer und dem braunen Zucker so lange verrühren, bis sich der Zucker vollständig aufgelöst hat. Die Gewürzmischung in die Reispfanne geben und kräftig durchschwenken.

6. Die Krabben oder Crevettenschwänze hinzufügen und erhitzen. Die Gemüse-Reis-Pfanne mit Salz und Pfeffer abschmecken, auf Tellern anrichten, mit Koriandergrün garnieren und servieren.

Gemüse-Pilz-Pfanne

Für 4 Personen:

1 Gemüsezwiebel
400 g Karotten
4 kleine Zucchini
400 g Austernpilze
400 g Zuckererbsen
2 EL Butter
1/2 Tasse Gemüsebrühe
Kräutersalz
Pfeffer aus der Mühle
1 Prise Curry

1. Die Zwiebel schälen und fein würfeln. Die Karotten schälen und in mundgerechte Stücke schneiden, die Zucchini putzen und in Scheiben schneiden.

2. Die Austernpilze putzen, je nach Größe halbieren oder vierteln, die Zuckererbsen putzen.

3. Die Butter in einer Pfanne erhitzen, die Zwiebelwürfel darin glasig schwitzen. Das Gemüse dazugeben und kurz mitschwitzen.

4. Die Gemüsebrühe angießen und das Gemüse zugedeckt 8–10 Minuten dünsten.

5. Die Gemüse-Pilz-Pfanne mit Kräutersalz, Pfeffer und Curry abschmecken, anrichten und servieren.

Paprikapfanne mit Hackfleischbällchen

Für 4 Personen:

600 g Schweinehack
2 Knoblauchzehen, 1 Zwiebel
1 EL Butter, 1–2 Eier
Semmelbrösel zum Binden
Salz, Pfeffer aus der Mühle
1 TL Paprikapulver, rosenscharf
1 EL gerebelter Majoran
Butterschmalz zum Braten
je 2 rote und grüne
Spitzpaprikaschoten, 2 Zwiebeln
200 ml Gemüsebrühe
100 ml Weißwein
1–2 EL Ahornsirup
einige Tropfen Zitronensaft
einige Tropfen Worcestersauce
30 g gemischte, frische Kräuter
(Oregano, Petersilie, Basilikum)
Basilikum zum Garnieren

1. Das Schweinehack in eine Schüssel geben. Die Knoblauchzehen und die Zwiebel schälen und fein würfeln. Butter in einer Pfanne erhitzen und beides darin glasig schwitzen.

2. Die Knoblauchzwiebeln und die Eier zum Fleisch geben und alles zu einer glatten, kompakten Masse verarbeiten. Mit Semmelbröseln leicht binden, mit Salz, Pfeffer, Paprikapulver und Majoran würzen.

3. Aus der Hackfleischmasse kleine Bällchen formen. Butterschmalz in einer Pfanne erhitzen und die Bällchen darin rundherum braten, herausnehmen und warm stellen.

4. Die Spitzpaprikaschoten halbieren, entkernen, waschen, gut abtropfen lassen und in Scheiben schneiden. Mit den geschälten und in Scheiben geschnittenen Zwiebeln ins verbliebene Bratfett geben und kurz anbraten.

5. Die Gemüsebrühe und den Weißwein angießen und den Ahornsirup einrühren. Mit Salz, Pfeffer, Zitronensaft und Worcestersauce abrunden und bei mäßiger Hitze 6–8 Minuten köcheln lassen.

6. Die Hackfleischbällchen zum Gemüse geben, kurz durchschwenken und erhitzen. Die verlesenen, gewaschenen und fein gehackten Kräuter untermischen. Das Ganze nachwürzen, dekorativ anrichten, mit Basilikum ausgarnieren und servieren.

Spargelpfännchen mit jungem Knoblauch

Für 4 Personen:

1,2 kg grüner Spargel
1/2 Knolle junger Knoblauch
200 g Schalotten
3 EL Olivenöl
100 ml Weißwein
100 ml Gemüse- oder Spargelfond
Salz, Pfeffer aus der Mühle
1 Prise Muskat
1 Prise Cayennepfeffer
3 EL Karamellsirup
einige Tropfen Zitronensaft
4 EL Sojasauce
200 g Kirschtomaten
Basilikum zum Garnieren

1. Den Spargel putzen, die unteren Enden abschneiden, den Spargel an den unteren Enden dünn schälen und in grobe Stücke schneiden.

2. Den Knoblauch klein schneiden, die Schalotten schälen und vierteln.

3. Das Olivenöl in einer großen Pfanne erhitzen, Knoblauch und Schalotten darin anschwitzen.

4. Die Spargelstücke dazugeben und unter ständigem Rühren braten. Während der Garzeit mehrmals mit dem Weißwein und dem Fond ablöschen.

5. Nach Ende der Garzeit mit Salz, Pfeffer, Muskat, Cayennepfeffer, Karamellsirup, Zitronensaft und Sojasauce kräftig abschmecken.

6. Die Kirschtomaten waschen, den Strunk herausschneiden, die Tomaten zum Spargel geben und kurz mitgaren.

7. Das Spargelpfännchen anrichten, mit Basilikum garnieren und mit Kartoffelgratin servieren.

Tomaten-Auberginen-Pfanne

Für 4 Personen:

1 kg Auberginen
Salz zum Bestreuen
1 EL Olivenöl
2 Zwiebeln
1 kg Tomaten
1 Knoblauchzehe
1 TL Salz
1 Zweig Thymian
1–2 Salbeiblätter
Salz, Pfeffer aus der Mühle
Basilikum zum Garnieren

1. Die Auberginen putzen, waschen, in Würfel schneiden, mit Salz bestreuen und 10 Minuten stehen lassen.

2. Das Olivenöl in einer beschichteten Pfanne erhitzen, die geschälten, fein gewürfelten Zwiebeln und die Auberginenwürfel darin anbraten.

3. Die Tomaten waschen, halbieren, zu den Auberginen geben und zugedeckt 5 Minuten bei mittlerer Hitze köcheln lassen.

4. Die Knoblauchzehe schälen, fein hacken, mit Salz zu einer Paste zerreiben, zum Gemüse geben und zugedeckt weitere 10 Minuten garen.

5. Die Tomaten-Auberginen-Pfanne mit Thymian, Salbei, Salz und Pfeffer kräftig abschmecken, mit dem Basilikum bestreuen und mit Toastbrot servieren.

Gemüsepfanne mit Chili

Für 4 Personen:

800 g fest kochende Kartoffeln
4–5 EL Butterschmalz
Salz, Pfeffer aus der Mühle
1 Prise Muskat
1 Prise Cayennepfeffer
2 Zwiebeln, 1 rote Paprikaschote
1–2 rote Chilischoten
je 300 g Rosenkohl und grüne Bohnen (frisch oder TK-Produkt)

1. Die Kartoffeln schälen, waschen, gut abtropfen lassen und in Schnitze schneiden. Das Butterschmalz in einer Pfanne erhitzen und die Kartoffeln darin 15 Minuten braten.

2. Mit Salz, Pfeffer, Muskat und Cayennepfeffer kräftig würzen. Die Zwiebeln schälen und klein schneiden. Die Paprikaschote und die Chilischoten halbieren, entkernen, waschen und klein schneiden.

3. Mit den Zwiebeln zu den Kartoffeln geben und weitere 10–15 Minuten braten.

4. Den Rosenkohl und die Bohnen auftauen lassen, zu den Kartoffeln geben und weitere 8–10 Minuten braten.

5. Die Gemüsepfanne nachwürzen, anrichten und servieren.

Filetgeschnetzeltes Mexicana

Für 4 Personen:

600 g Schweinefilet
Salz, Pfeffer aus der Mühle
2 EL Olivenöl, 1 Zwiebel
je 1 rote, gelbe und grüne Paprikaschote
1 rote Chilischote
200 ml Gemüse- oder Fleischbrühe
1 Dose Kidneybohnen (260 g netto)
1 Dose Zuckermais (280 g netto)
1 Packung Tico Seasoning Mix (mexikanische Würzmischung)
1 Packung Tortillafladen
200 g Sauerrahm

1. Das küchenfertige Schweinefilet unter fließendem Wasser waschen, trockentupfen, in dünne Scheibchen oder Streifen schneiden, mit Salz und Pfeffer würzen.

2. Das Olivenöl in einer Pfanne erhitzen und das Fleisch darin braten, herausnehmen und warm stellen.

3. Die Zwiebel schälen, fein würfeln, ins verbliebene Bratfett geben und glasig schwitzen.

4. Die Paprikaschoten und die Chilischote halbieren, entkernen, waschen, gut abtropfen lassen, in feine Streifen schneiden, zur Zwiebel geben und kurz mitschwitzen.

5. Die Brühe angießen und das Ganze bei mäßiger Hitze ca. 7 Minuten köcheln lassen.

6. Die gut abgetropften Kidneybohnen und den Zuckermais einrühren und bei mäßiger Hitze 5 Minuten köcheln lassen.

7. Das Fleisch dazugeben und erhitzen. Mit der mexikanischen Würzmischung, Salz und Pfeffer abschmecken.

8. Die Tortillafladen nach Packungsanweisung zubereiten, auf Teller legen, mit dem Geschnetzelten füllen, zusammenklappen und mit Sauerrahm servieren.

Selleriepfanne mit Brätklößchen

Für 4 Personen:

Für die Klößchen:
500 g Kalbs- oder Bratwurstbrät
2 Eigelb, 50 ml süße Sahne
1 EL geriebene Zitronenschale
3–4 EL Semmelbrösel
Salz, Pfeffer aus der Mühle
1 Prise Muskat
1 Prise Cayennepfeffer
1 l Gemüse- oder Fleischbrühe

Außerdem:
2 Sellerieknollen (ca. 600 g)
2 Zwiebeln, 1–2 EL Butter
1 Stange Lauch
1 kleine rote Peperoni
100 g Kirschtomaten
1 Bund Schnittlauch

1. Das Brät mit den Eigelben, der Sahne und der Zitronenschale in einer Schüssel glatt rühren.

2. Die Semmelbrösel untermischen. Mit Salz, Pfeffer, Muskat und Cayennepfeffer würzen.

3. Die Gemüse- oder Fleischbrühe in einem Topf zum Kochen bringen.

4. Mit 2 Esslöffeln Klößchen abstechen und in der Brühe garen.

5. Den Sellerie putzen, schälen, in feine Rauten schneiden, die Zwiebeln schälen und in feine Würfel schneiden.

6. Die Butter in einer Pfanne erhitzen. Die Zwiebeln und den Sellerie darin kurz dünsten.

7. Den Lauch putzen, waschen und in Scheiben schneiden, die Peperoni putzen, halbieren, entkernen und klein schneiden, beides zum Gemüse geben und kurz mitschwitzen.

8. Etwa 250–300 ml Fleischbrühe angießen und das Gemüse bei mäßiger Hitze 8–10 Minuten garen.

9. Die Brätklößchen aus der Brühe nehmen, gut abtropfen lassen. Die Tomaten waschen, den Strunk herausschneiden, die Tomaten halbieren und mit den Klößchen zum Gemüse geben.

10. Das Gemüse durchschwenken, erhitzen, mit Salz, Pfeffer, Muskat und Cayennepfeffer würzen. Anrichten, mit geschnittenem Schnittlauch bestreuen und servieren.

Gurkenpfanne mit Mett

Für 4 Personen:

600 g Schweinemett
1–2 EL Butterschmalz
1 Zwiebel
je 1 rote, gelbe und grüne Paprikaschote
500 g Salat- oder Schmorgurken
200 ml Gemüse- oder Fleischbrühe
2 Zweige Rosmarin
Salz, Pfeffer aus der Mühle
1 Prise Cayennepfeffer
1 Prise Zucker
Kräuterzweige zum Garnieren

1. Das Schweinemett mit dem Butterschmalz in einer Pfanne unter ständigem Rühren braten.

2. Die Zwiebel schälen, fein hacken, zum Mett geben und kurz mitbraten.

3. Die Paprikaschoten halbieren, entkernen, waschen, gut abtropfen lassen, in Streifen schneiden, zum Fleisch geben und kurz mitbraten.

4. Die Gurken putzen, waschen, halbieren, das Kerngehäuse mit einem Teelöffel herausschaben, die Gurken in 1/2 cm dicke Scheiben schneiden.

5. Die Gurken zum Fleisch geben und kurz mitschwitzen.

6. Die Gemüse- oder Fleischbrühe angießen, den verlesenen, klein geschnittenen Rosmarin untermischen und das Ganze bei mäßiger Hitze 6–8 Minuten köcheln lassen.

7. Je nach Salzgehalt des Schweinemetts mit Salz vorsichtig nachwürzen, mit Pfeffer, Cayennepfeffer und Zucker abrunden.

8. Die Gurkenpfanne anrichten, mit Kräuterzweigen garnieren und servieren.

Tomaten-Zucchini-Pfanne mit Hackbällchen

Für 4 Personen:

500 g Schweinehackfleisch
1 Knoblauchzehe
1 kleine Zwiebel
1 EL Butter
1/2 Bund Petersilie
1 Ei
Salz, Pfeffer aus der Mühle
1 Prise Cayennepfeffer
2 EL Semmelbrösel zum Binden
Salzwasser zum Garen

Für das Gemüse:
100 g Schalotten
1 gelbe Paprikaschote
2 EL Olivenöl
1 große Zucchini
600 g Tomaten
1 TL Kräuter der Provence

1. Das Schweinehackfleisch in eine Schüssel geben. Die Knoblauchzehe und die Zwiebel schälen und fein würfeln.

2. Die Butter in einer Pfanne erhitzen. Knoblauch und Zwiebel darin anschwitzen, vom Herd nehmen, abkühlen lassen und zum Fleisch geben.

3. Die Petersilie verlesen, waschen, fein hacken, mit dem Ei zum Fleisch geben, mit Salz, Pfeffer und Cayennepfeffer würzen und das Ganze zu einer glatten Masse verarbeiten. Mit Semmelbröseln leicht binden.

4. Aus der Masse kleine Bällchen formen und in kochendem Salzwasser gar ziehen lassen.

5. Die Schalotten schälen und klein schneiden. Die Paprikaschote halbieren, entkernen, waschen und in Streifen schneiden.

6. Das Olivenöl in einer Pfanne erhitzen, das Gemüse darin glasig schwitzen.

7. Die Zucchini putzen, waschen, halbieren und in dünne Scheiben schneiden, zum Gemüse geben und mitschwitzen.

8. Die Tomaten waschen, den Strunk herausschneiden, die Tomaten vierteln oder achteln, dazugeben und mitschwitzen.

9. 250 ml Fleischsud abmessen und angießen, das Ganze mit den Kräutern der Provence bestreuen, mit Salz, Pfeffer und Cayennepfeffer würzen und das Gemüse ca. 5 Minuten köcheln lassen.

10. Die gut abgetropften Hackbällchen hinzufügen, erhitzen, nachwürzen, anrichten und servieren.

Putenragout auf gebratenem Gemüse

Für 4 Personen:

600 g Putenbrust
Salz, Pfeffer aus der Mühle
1 EL Butterschmalz, 1 Zwiebel
2 Knoblauchzehen
150 g Shiitake-Pilze
100 ml Weißwein
200 ml Gemüse- oder Geflügelbrühe
200 ml süße Sahne
2–3 EL mittelscharfer Senf
Saft von 1 Zitrone, 1 EL Curry
1 Prise Cayennepfeffer
1–2 EL Honig
200 g Karotten, 200 g Zucchini
Olivenöl zum Ausbacken
Dillzweige zum Garnieren

1. Die küchenfertige Putenbrust unter fließendem Wasser waschen, trockentupfen und in mundgerechte Würfel schneiden. Das Fleisch mit Salz und Pfeffer würzen.

2. Das Butterschmalz in einem Topf erhitzen und das Fleisch darin rundherum Farbe nehmen lassen.

3. Die Zwiebel und die Knoblauchzehen schälen, fein würfeln, zum Fleisch geben und kurz mitbraten.

4. Die Shiitake-Pilze putzen, je nach Bedarf klein schneiden, zum Fleisch geben und mitbraten.

5. Den Weißwein, die Gemüse- oder Geflügelbrühe und die Sahne angießen, zum Kochen bringen und bei mäßiger Hitze 8–10 Minuten köcheln lassen.

6. Den Senf einrühren, mit Zitronensaft, Curry, Cayennepfeffer, Salz und Pfeffer abschmecken, mit Honig verfeinern und weitere 6–8 Minuten garen.

7. Die Karotten schälen und in hauchdünne Scheiben schneiden. Die Zucchini putzen und ebenfalls in Scheiben schneiden.

8. Das Olivenöl in einer Pfanne erhitzen. Zuerst die Karotten und anschließend die Zucchinischeiben darin braten. Das gebratene Gemüse anrichten, das Putenragout darauf verteilen, mit Dillzweigen garnieren und servieren.

Chiligeschnetzeltes mit Früchten

Für 4 Personen:

800 g Schweinefilet
Salz, Pfeffer aus der Mühle
2 EL Sesamöl, 150 g Schalotten
1 rote Chilischote
200 ml Orangensaft
300 ml Gemüse- oder Fleischbrühe

Außerdem:
1 kleine Mango
1 säuerlicher Apfel
1/2 Ananas
75 ml süße Chilisauce
1 TL Speisestärke zum Binden
1 Bund Schnittlauch

1. Das Schweinefilet unter fließendem Wasser waschen, trockentupfen, würfeln oder in Streifen schneiden, mit Salz und Pfeffer würzen.

2. Das Sesamöl in einer großen Pfanne erhitzen und das Fleisch darin unter Rühren braten, herausnehmen und warm stellen.

3. Die Schalotten schälen und vierteln. Die Chilischote halbieren, entkernen, klein schneiden, mit den Schalotten ins verbliebene Bratfett geben und kurz braten.

4. Den Orangensaft und die Brühe angießen, zum Kochen bringen und bei mäßiger Hitze 5 Minuten köcheln lassen.

5. Die Mango schälen, das Fruchtfleisch vom Kern lösen und würfeln. Den Apfel waschen, entkernen, in feine Schnitze schneiden.

6. Die Ananas schälen, den Strunk herausschneiden, das Fruchtfleisch würfeln. Das Obst und das Fleisch in die Sauce geben und erhitzen.

7. Die Chilisauce einrühren, mit Salz und Pfeffer kräftig würzen, einmal aufkochen lassen und mit etwas angerührter Speisestärke binden.

8. Das Chiligeschnetzelte anrichten, mit dem verlesenen, gewaschenen und fein geschnittenen Schnittlauch bestreuen und mit bissfest gegartem Basmatireis servieren.

Scharfe Paprika-Hackfleischpfanne

Für 4 Personen:

500 g Rinderhackfleisch
2–3 EL Olivenöl
2 Knoblauchzehen
2 Zwiebeln
1/2 Staude Stangensellerie
1 rote Chilischote
2 rote Paprikaschoten
2 EL Tomatenmark
300 ml Gemüse- oder Fleischbrühe
4 Tomaten
Salz, Pfeffer aus der Mühle
1 Prise Cayennepfeffer
1 Prise Zucker

Außerdem:
400 g Jogurt
Saft von 1 Zitrone
1 Bund Schnittlauch
Kräuterzweige zum Garnieren

1. Das Olivenöl in einem Topf erhitzen und das Rinderhackfleisch darin unter ständigem Rühren braten.

2. Die Knoblauchzehen und die Zwiebeln schälen, fein hacken, zum Hackfleisch geben und kurz mitbraten.

3. Den Stangensellerie putzen, waschen, in feine Scheiben schneiden. Mit der geputzten, halbierten, entkernten und fein geschnittenen Chilischote zum Fleisch geben und kurz mitbraten.

4. Die Paprikaschoten halbieren, entkernen, waschen und in Würfel schneiden. Zum Fleisch geben und kurz mitbraten.

5. Das Tomatenmark unterrühren, die Gemüse- oder Fleischbrühe angießen und das Ganze einmal aufkochen lassen.

6. Die Tomaten enthäuten, entkernen, in Würfel schneiden und zum Fleisch geben. Mit Salz, Pfeffer, Cayennepfeffer und Zucker kräftig abschmecken und bei mäßiger Hitze in 15 Minuten garen.

7. Während der Garzeit den Jogurt mit Zitronensaft glatt rühren. Den verlesenen, gewaschenen und fein geschnittenen Schnittlauch untermischen. Die Sauce mit Salz, Pfeffer, Cayennepfeffer und Zucker abrunden.

8. Die Paprika-Hackfleischpfanne anrichten, mit frisch geschnittenem Schnittlauch bestreuen, mit Kräuterzweigen garnieren und mit Reis servieren.

Schwäbische Bauernpfanne

Für 4 Personen:

1-2 EL Butter, 1 Zwiebel
2 Knoblauchzehen
2 EL Honig
2-3 EL Tomatenketschup
1 EL Majoran, 1 TL Thymian
1/4 l Bratensaft
800 g Romanesco-Gemüse-Mix
Salz, Pfeffer aus der Mühle
1 Prise Cayennepfeffer
1 Prise Muskat

Außerdem:
Schmalz zum Braten
600 g Original schwäbische Schupfnudeln
8-12 Mini-Krakauer

1. Die Butter in einer Pfanne erhitzen und die geschälte, fein gehackte Zwiebel darin glasig schwitzen.

2. Die Knoblauchzehen schälen, fein hacken, zur Zwiebel geben und kurz mitschwitzen.

3. Den Honig und den Tomatenketschup einrühren, mit Majoran und Thymian würzen und den Bratensaft angießen.

4. Den Romanesco-Gemüse-Mix dazugeben, kurz durchschwenken und zugedeckt bissfest garen. Mit Salz, Pfeffer, Cayennepfeffer und Muskat abschmecken.

5. Das Schmalz in einer Pfanne erhitzen und die Schupfnudeln darin unter ständigem Wenden ausbacken.

6. Die aufgetauten Mini-Krakauer vierteln und in einer Pfanne mit wenig Schmalz braten.

7. Zum Schluss die Original schwäbischen Schupfnudeln und die Mini-Krakauer unter das Gemüse heben, das Ganze nochmals erhitzen, abschmecken, anrichten und servieren.

Bauernfrühstück

Für 4 Personen:

600 g Fleischwurst im Ring
2 EL Butterschmalz
1 Zwiebel
6 Eier
60 ml süße Sahne
Salz, Pfeffer aus der Mühle
1 Prise Muskat
1 Prise Cayennepfeffer
1 Bund Schnittlauch

1. Die Fleischwurst enthäuten und in Scheiben schneiden. Das Butterschmalz in einer Pfanne erhitzen und die Fleischwurst darin braten.

2. Die Zwiebel schälen, fein würfeln, zur Fleischwurst geben und mitbraten.

3. Die Eier mit der Sahne in einer Schüssel verschlagen. Mit Salz, Pfeffer, Muskat und Cayennepfeffer kräftig würzen, über die Fleischwurst gießen und ein großes Omelett ausbacken.

4. Das Bauernfrühstück dekorativ anrichten, mit fein geschnittenem Schnittlauch bestreuen und sofort servieren.

Topfenschmarren mit Rumrosinen

Für 4 Personen:

150 g Quark
100 g Mehl
1 Päckchen Vanillezucker
6 Eigelb
50–75 ml Milch
1 Prise Salz
1 TL geriebene Zitronenschale
6 Eiweiß
100 g Zucker
100 g Rumrosinen
Butter zum Ausbacken
Puderzucker zum Bestäuben

1. Den Quark mit dem Mehl, dem Vanillezucker, den Eigelben und 50 ml Milch in eine Schüssel geben und glatt rühren.

2. Die restliche Milch tropfenweise unterrühren, mit Salz und der geriebenen Zitronenschale aromatisieren.

3. Die Eiweiße sehr steif schlagen, den Zucker unter ständigem Rühren einrieseln lassen und so lange rühren, bis sich der Zucker vollständig aufgelöst hat. Anschließend den Eischnee mit den Rumrosinen vorsichtig unter den Teig ziehen.

4. Die Butter in einer Pfanne erhitzen. Den Teig einfüllen, auf einer Seite kurz angehen lassen, wenden und im auf 180–200 °C vorgeheizten Backofen 10–12 Minuten ausbacken.

5. Den Schmarren aus dem Ofen nehmen, auf die heiße Herdplatte stellen, mit einer Gabel zerpflücken, durchschwenken, anrichten, mit Puderzucker bestäuben und servieren.

Register

ISBN 3-938264-26-8